LAS MUJERES
QUE DIOS AMÓ

LAS MUJERES QUE DIOS AMÓ

-*La Historia de Elizabeth*
-*La Historia de Abigaíl*
-*La Historia de Priscila*
-*La Historia de la Mujer pecadora*

5 DE 7

MARY ESCAMILLA

Número de Control de la Biblioteca del Congreso de EE. UU.:   2020911213
ISBN: Tapa Dura   978-1-5065-3294-3
               Tapa Blanda   978-1-5065-3293-6
               Libro Electrónico   978-1-5065-3292-9

Información de la imprenta disponible en la última página.

Fecha de revisión: 17/08/2020

Para realizar pedidos de este libro, contacte con:
Palibrio
1663 Liberty Drive
Suite 200
Bloomington, IN 47403
Gratis desde EE. UU. al 877.407.5847
Gratis desde México al 01.800.288.2243
Gratis desde España al 900.866.949
Desde otro país al +1.812.671.9757
Fax: 01.812.355.1576
ventas@palibrio.com
814179

ÍNDICE

LAS GRANDES MUJERES DE DIOS, QUE ÉL AMÓ

PRÓLOGO

LAS MUJERES QUE DIOS AMÓ

En la historia siempre hubo, hay y seguirá habiendo grandes mujeres de Dios, pero nos vamos a remontar tiempo atrás hasta una época en especial. Dios amó a muchas mujeres, sí amado lector, aunque usted no lo crea, Él las amó y la Biblia habla de cada una de ellas. Qué extraordinarias mujeres de Dios porque también lo amaron con un infinito y grande amor y lo sirvieron con gran pasión.

Qué hermoso saber que aún existe ese gran amor, les invito a que lean este maravilloso libro, estas historias verdaderas y este amor infinito, con fuego, por parte de Dios para ellas y de ellas para Él. Las mujeres de Dios te harán recordar en cada palabra y en cada pasaje de qué manera ellas amaron a Dios, con todo su corazón. Y la entrega y el amor de ellas para Él son extraordinarios; ese amor tan grande y las pruebas que tuvieron que pasar para buscar el verdadero amor de Dios.

- Estériles
- Enamoradas
- Profetas
- Diaconisas
- Adoradoras

- Misioneras
- Maestras
- Rameras
- Evangelizadoras

Pero todas ellas fueron ungidas por el Espíritu Santo.

A Dios lo amaron desde el principio, en verdad, desde Reinas, Infieles, Rameras, Idólatras, Incrédulas, Adúlteras. E igual mujeres Fieles y Serviciales, así como Vírgenes, Esclavas, Siervas. Desde hijas de reyes hasta plebeyas, amaron a Dios. Todas ellas formaron el Cuerpo de Cristo.

Qué privilegio poder amar y tener esa capacidad, ese fuego, ese amor por Dios. Unas dejaron todo por ese gran amor, le sirvieron, lo adoraron, lo amaron, se postraron a sus pies.

Verdaderamente grandes mujeres que Él amó con ese amor puro e infinito que solamente Él lo puede dar. De la misma manera ese cuidado, esa cobertura y esa provisión que Él nos ofrece cuando lo amamos y en nuestra vida está en primer lugar en todo. Él fue su primer amor de todas.

Como está en la Escritura: Ama al Señor tu Dios con toda tu mente, con todo tu corazón, con toda tu alma.

SU AMOR

SU FE

SU ESPERANZA

SU ENTREGA

SU ARREPENTIMIENTO

Eso y mucho más siempre han caracterizado a las auténticas mujeres de Dios. La Biblia nos habla de esas maravillosas Mujeres que Dios Amó y las cuales entregaron su vida y rindieron su corazón al verdadero Dios. Desde María, la madre de Jesucristo; hasta María

Magdalena, la adúltera; Rahab, la ramera; así como Rut, la moabita; Débora, y la reina Ester, entre otras.

Nos podemos pasear por toda la Biblia y deleitarnos con las increíbles historias de todas y cada una de ellas. Nos gozamos al saber cuánto amaron a Dios evangelistas, guerreras, servidoras, guiadoras e instructoras. Siempre adelante, a ellas nada las detuvo por mucho sufrimiento, tribulaciones o persecuciones, con gozo amaron a su Señor, su Dios.

En estas hermosas y maravillosas historias de las mujeres de Dios, vas a conocer pasajes de muchas de ellas y su gran amor a Dios; desde madres, hijas, suegras, hermanas, abuelas, amantes, mentirosas, infieles, idólatras, servidoras, cuidadoras, amadoras, evangelizadoras, predicadoras fieles, instructoras. Unas con amargura, pero a todas ellas Dios las amó y las perdonó porque se arrepintieron y rindieron su vida a Él. Y con algunas de ellas podrás identificarte en un área de tu vida, ya que acontecieron muy parecidas a las tuyas.

Y Él también te ama a ti, no importa la condición en la que te encuentres o por lo que estés pasando, Él te ama así tal y como eres. Nunca dudes del amor de Dios porque es auténtico y verdadero. Él es el único que nunca te abandonará ni te dejará hasta el último día de tu vida. Él siempre estará contigo, confía en Él sobre todas las cosas y lo demás vendrá por añadidura. Él te ama mujer de Dios, tú eres su creación.

LA CREACIÓN

Dios dijo; no es bueno que el hombre esté solo, le haré una mujer, e hizo su ayuda idónea.

Las Grandes Mujeres que Dios Ama tienen un entendimiento en la Palabra del Señor y siguen sus instrucciones.

Vamos a ver varios versículos de la Biblia donde se habla de las Mujeres que Dios Amó.

"Mujer virtuosa, ¿quién la hallará?" Proverbios 31:10.

Que vistan con ropa decorosa, que tengan pudor y modestia. Mujeres temerosas del Señor, que se sujeten a sus maridos, que sean sabias y entendidas.

Mujer virtuosa corona de su marido. Mujer agraciada alcanza honra. Las mujeres sabias edifican sus hogares.

Desde el principio, las mujeres han sido guerreras. Así como María la madre de Jesús, mujer valiente, entendida, llena de gracia, de amor y de misericordia, de sabiduría y justicia, y entregada al Señor nuestro Salvador. Aunque Él era su hijo, ella le llamaba mi Señor.

En varios pasajes de la Biblia encontramos muchas mujeres que Dios amó. Otra fue Ester, mujer valiente que se paró en la brecha para salvar a su pueblo. Así como Sifra y Fúa, ellas oyeron y siguieron la instrucción del Divino Maestro y preservaron la vida de los niños y no dieron muerte como quería el rey de Egipto.

Hasta llegaron a tener una Iglesia en su casa.

"Porque las mujeres de Dios son coherederas." Romanos 8:17.

Muchas de las promesas de Dios son para ellas, así como las hijas de Felipe, grandes servidoras y amadoras de Dios.

Las cuatro hijas de Felipe tenían el don de la profecía. Una de ellas, Priscila, la esposa de Aquila, fueron el matrimonio de colaboradores del apóstol Pablo, qué privilegio.

"Saludad a Trifena y a Trifosa, las cuales trabajan en el Señor. Saludad a la amada Pérsida, la cual ha trabajado mucho en el Señor." Romanos 16:12.

Siempre la visión profética del Salmo 68:9, dice que el Señor daba palabra y había grande multitud de las que llevaban la buenas nuevas, así como el bautismo, la unción, los dones. Son para las mujeres que Dios ama, eso y más.

¡No te dejes engañar!

La mente es un campo de batalla y ahí el enemigo trabaja para confundir a la mujer, como lo hizo con Eva.

Pero tenemos un Dios soberano y poderoso.

"Las mujeres, muy importantes en la creación de Dios y Adán, cuando supo que había sido tomada de su mismo cuerpo, dijo esto es ahora hueso de mis huesos y carne de mi carne." Génesis 2:23.

Pero éste era el plan de Dios, ese fue el propósito, crearle una ayuda idónea al hombre. Desde el principio fue un plan divino de Dios." Génesis 1:26.

"Cuando Dios dijo hagamos al hombre se refería al humano y lo creó a su imagen y semejanza." Génesis 1:27.

Porque dijo varón y hembra, los creó de esa manera y queda claro porque la palabra hebrea es Adamah (ser humano, hombre). De manera que Dios dijo que sería la ayuda idónea del hombre y la mujer de Dios debe ser motivadora, inspiradora y guiada por el Espíritu para ser una mujer ejemplar para su marido e hijos, así como para la familia. Siempre es edificadora, tiene palabras de aliento para cada una de las personas porque es una mujer sabia y entendida.

Dios la creó para el hombre, que es la cabeza del hogar. Amadas, aprendamos de ellas, de estas Grandes Mujeres que Dios amó, porque a todas también nos ama, les llama hijas, porque somos 'la niña de sus ojos'.

Pueblo escogido coheredero; instrumento, siervas, obreras, discípulos, creyentes, Etc., ministradoras y evangelizadoras, porque en Cristo no hay diferencia, las mismas promesas para los hombres son para las mujeres, porque todos forman el mismo cuerpo de Cristo. Él no hace acepción de personas, en el Ministerio del Señor hubo profetisas y evangelistas, como la mujer samaritana aquí encontramos dos Ministerios anunciando mujeres las buenas nuevas del Salvador.

La sabiduría de Dios al crear a la mujer para que Adán pudiera reproducirse. ¡Qué maravilloso que la creó de la misma carne de Adán! y fue hueso de sus huesos y carne de su carne, a ella no la creó del polvo como lo hizo con Adán. ¡Qué bello plan tenía el Señor, qué propósito para la multiplicación de los humanos, y qué amor para la mujer.

Desde el principio ese era el plan de Dios. Cuando Dios formó a Adán y a Eva les llamó Adamah, no como un nombre personal, sino como identificación para un ser humano. De esa manera Dios dio dignidad a la mujer como ayuda idónea del hombre. Lo hizo bajo la perfección de la creación original para que vivieran en armonía.

La hizo de la costilla del hombre no de la cabeza, para que no se suba ahí, ni de los pies para ser pisoteada. Fue de su costilla, cerca del corazón, para que la amara, protegiera y cuidara. Como la cabeza que es el varón, así ella estará sujeta a su marido. Él tiene la autoridad en su hogar. Esa es la Instrucción Divina.

MUJER, DIOS TE AMA, ERES SU CREACIÓN

Eres la más bella
Eres obediente
Ámate a ti misma
Eres entendida
Eres preciosa
Eres amada
Eres sabia
Eres alabada
Eres honesta
Eres maravillosa
Eres valiente
Eres bonita
Eres entregada
Eres inteligente
Eres princesa
Llena de gracia
Eres única
Eres diligente
Eres ganadora
Eres guerrera
Eres poderosa
Eres amorosa
Eres fiel
Eres auténtica
Eres servidora
Eres adoradora
Eres creación de Dios.

La Vid

Conecta tu
Mente y tu
Corazón al
Llamado
De Dios.

Mary Escamilla
Dra. ♥

La Vid

En la
Palabra
De Dios
No seas
Liviano,
Sé firme.

Mary Escamilla
Dra. ♥

La Vid

Se unen el
Cielo y la tierra
Con la adoración
Y honra al
Señor Jesucristo.

Mary Escamilla
Dra.

Honra la

Presencia

De Dios en

Tu vida.

La Vid

Señor,

Sopla en mí

De tu Santo

Espíritu.

Mary Escamilla
Dra. ♥

La Vid

No niegues
A Dios
Nunca,
O Él te
Negará a ti
También.

Mary Escamilla
Dra. ♥

La Vid

Señor, hoy me
Presento ante ti
Con un corazón
Quebrantado
Y humilde.

Mary Escamilla
Dra. ❤

La Vid

Jesús a Judas
Le llamó amigo.
¡Cuidado con los que
Tú les dices amigos
Y no lo son!

Mary Escamilla
Dra. ♥

La Vid

Cuando acepté
A Jesús en mi
Corazón, vinieron
Tiempos de
Quebrantamiento
A mi vida.

Mary Escanilla
Dra. ♥

La Vid

Los tiempos
De tormenta,
Son los mejores
Para buscar
El rostro de Dios.

Mary Escamilla
Dra.

La Vid

Creación de Dios

Es la mujer…

Por su belleza

Es como la rosa;

Bella, con espinas

Y muy hermosa.

Mary Escamilla
Dra. ♥

Cuando Dios
Está contigo,
No importa
Quién esté
Contra ti.

Mary Escamilla
Dra. 🖤

La Vid

Yo, todo lo
Que hago
Diariamente,
Es para el
Señor Jesús.

Mary Escamilla
Dra. ♥

La Vid

Señor Jesús,
Úngeme con
Tu aceite y
Con el fuego
De tu Santo
Espíritu.

Mary Escamilla
Dra.

La Vid

Señor, yo
No quiero
Ser miserable
Delante de
Tus ojos.

Mary Escamilla
Dra. ♥

LA HISTORIA DE ELIZABETH

Elisabeth provenía de una familia sacerdotal muy honorable, su nombre significa: Dios es mi refugio. Ella y su esposo Zacarías eran judíos, tenían muchos años de casados, ella era estéril y de edad avanzada.

"Ambos eran justos delante de Dios, y andaban irreprensibles en todos los mandamientos y ordenanzas del Señor." Lucas 1:6.

El anhelo de ellos era abrazar a un hijo y llegó el día tan anhelado. Dios al fin había escuchado la petición de oración de este matrimonio consagrado y obediente a su Palabra. Cabe mencionar que esta mujer de Dios era prima de María, la madre de Jesús.

El ángel Gabriel se le presenta a Zacarías, esposo de Elizabeth, mientras él ofrecía el incienso en el templo y se atemorizó, pero el ángel le dijo que no tuviera temor que su oración había sido oída y que su mujer, que era estéril, daría a luz un hijo y le dio algunas indicaciones e instrucciones, su nombre sería Juan.

Él traería una misión específica, que muchos de los hijos de Israel se convertirían al Señor, porque la unción que traería, sería el espíritu de Elías, no bebería vino ni sidra y desde el vientre de su madre sería lleno del Espíritu de Dios.

¿Qué podemos aprender de esta mujer?

1-Una mujer justa.

Recordemos que la justicia es la naturaleza de nuestro Dios, la persona justa es:

Una persona agradable a Dios porque nosotros somos hechos a semejanza de Él y Él es el más justo juez, por eso una persona justa le agrada.

a-Imparcial

Dios nos manda a hacer justos juicios.

"Juzga con justo juicio".

A veces en el hogar no somos imparciales, nos inclinamos a un hijo más que a los otros, y le damos la razón a quien no la tiene movidos por nuestras propias emociones.

Y de esta forma dañamos el corazón del que verdaderamente tiene la razón causando división en el hogar; debemos escuchar las dos partes en conflicto y de acuerdo a la verdad, hacer justicia porque esto le agrada al Señor.

Las mujeres de Dios practican la justicia.

b-Y saben razonar.

Para poder razonar bien debemos renovar nuestra mente, renunciar al pasado de dolor.

Estamos viviendo tiempos muy peligrosos donde el ser humano dice creer y conocer a Dios, pero quiere vivir su vida independiente olvidándose de los valores divinos, dándole rienda suelta a sus propios impulsos y es allí donde el hombre y la mujer se han envanecido en sus razonamientos.

Amados, debemos usar la razón, no nos envanezcamos en nuestros necios pensamientos o instintos sin meditar antes en la Palabra de Dios.

"Pues habiendo conocido a Dios, no le glorificaron como a Dios, ni le dieron gracias, sino que se envanecieron en sus razonamientos, y su necio corazón fue entenebrecido". Romanos 1:21.

¿Quieres pensar y ordenar tus ideas para ser una persona razonable?

Ten una relación con Dios diariamente, búscale, entrégale tus pesadas cargas y Él te hará descansar hasta en los momentos más difíciles de tu vida.

Él te hará descansar, no desmayes, Él está contigo cada momento y cada instante que tú le busques, lo encuentras siempre dispuesto a escucharte y a consolarte.

c-Es equitativo.

Se caracteriza porque es imparcial a la hora de repartir, lo hace con igualdad, sin preferencias, distribuye justamente, el equitativo también valoriza por igual a las personas.

Elisabeth era una mujer libre de todo lo que la podía contaminar.

2-NO HABÍA AMARGURA EN SU CORAZÓN.

A pesar de su condición de estéril no se debilitó en su fe, ni se enojó con Dios por no poder tener hijos. Sin embargo, ella esperó y Dios le contestó la petición de su corazón: un hermoso regalo, su hijo.

Cuando alguien lleva amargura en su corazón, contamina a los que viven a su alrededor y es como una epidemia contagiosa a tal grado de volvernos duros de corazón.

¿Cómo saber si tenemos raíces de amargura en nuestro corazón?

Cuando cometemos injusticias, como los abusos verbales, sicológicos, físicos, emocionales, se nos agota la paciencia y no podemos ver lo bueno de las personas, sino que nos sentimos atacados por ellos, siendo en realidad nosotros mismos los atacantes. Esas son raíces de amargura.

Eso se convierte en codependencia, inclusive el atacado. Ese círculo vicioso que hoy en día viven muchas familias, esa condición no es sana, al contrario, es destructiva y pierde a las familias. Madres, padres e hijos, rompan esas cadenas de amargura, clamen a Dios con todo su corazón, que cambie esa manera de sentir y de pensar.

La amargura es una raíz que crece hacia adentro, al interior de nuestro corazón y se alimenta de lo que hay allí, malos pensamientos, resentimientos, enojos, iras, contiendas, llegando hasta el punto de hacerse un árbol frondoso, que sólo Dios puede desarraigar si nosotros se lo permitimos.

¿Quieres renunciar a este gran mal?

¡Hazlo hoy mismo!

El apóstol Pablo nos dice:

"Seguid la paz con todos, y la santidad, sin la cual nadie verá al Señor.

Mirad bien, no sea que alguno deje de alcanzar la gracia de Dios; que brotando alguna raíz de amargura, os estorbe, y por ella muchos sean contaminados." Hebreos 12:14, 15.

Elizabeth fue una mujer sin amargura, ya que era justa delante de Dios y obedecía los mandamientos y ordenanzas de Dios.

Después que Zacarías su esposo terminó el tiempo de servicio como sacerdote en el templo, se va a su casa y se cumple lo que el ángel Gabriel le había anunciado.

Dios sabe recompensar a todos sus servidores, Elisabeth concibió y permaneció en su casa por cinco meses.

3-NO TENÍA CELOS.

Elizabeth embarazada de seis meses recibe la visita de su prima, María la madre de Jesús y en el momento que la saluda pasa lo siguiente:

"Y aconteció que cuando oyó Elisabeth la salutación de María, la criatura saltó en su vientre; y Elisabeth fue llena del Espíritu Santo, y exclamó a gran voz y dijo: Bendita tú entre las mujeres, y bendito el fruto de tu vientre." Lucas 1:41, 42.

Qué hermoso es recibir saludos que vienen de un corazón sincero, llenos de la presencia divina, podemos ser impactados y aun llenos del Espíritu de Dios.

¿Qué clase de saludos salen de nuestro corazón?

¿Llenos de amor o llenos de hipocresía?

No, los saludos y cariños que deben salir de nuestro corazón y debemos hablarlos con nuestra boca, deben ser del amor de Dios. Tienes que ser un verdadero embajador de Él saludando con afecto sincero, sin hipocresía, de ninguna manera un hijo verdadero de Dios tiene ese comportamiento, todo lo contrario, cuando saludes transmite paz de luz y alegría.

Elizabeth reconoce que lo que lleva por dentro María, es más grande que el hijo que ella dará a luz, pero no tuvo celos de su prima.

Cuando estamos llenos del Espíritu de Dios, bendeciremos a otros con sinceridad, Elisabeth experimentó algo especial; el niño saltó dentro de ella al oír el saludo de María, ya que en su vientre llevaba al Hijo de Dios, Jesucristo.

Es importante que las futuras madres amen y respeten el fruto de su vientre; y que recuerden que esos bebés escuchan y sienten, no podemos ignorarlos, como vemos en estos tiempos son las mismas manos de Dios que los están formando, y que interrumpir el tiempo de gestación es como decirle a Dios: No me importa lo que tú estás formando.

Si lo hiciste en el pasado, por ignorancia o por cualquier otra razón, pídele perdón a Dios.

Y dile que nunca más lo volverás a hacer, que si lo hiciste fue ignorancia lo que te llevó a cometer ese acto y que Él en su infinita misericordia te perdona porque Él es un Dios bueno y fiel.

Los celos casi siempre van acompañados de envidia, que es un deseo de obtener lo que le pertenece a otra persona, y esto es muy dañino, renunciemos ahora mismo de este sentimiento que está causando tanto mal a nuestras vidas.

La única forma de poder sentirnos seguros, protegidos y amados, es disfrutando de esa intimidad con Dios, que Él siempre ha querido tener con el ser humano desde el principio, para darnos una verdadera identidad como hijos de Dios.

4-ELIZABETH SE SINTIÓ INMERECEDORA.

"¿Por qué se me concede esto a mí, que la madre de mi Señor venga a mí?

Porque tan pronto como llegó la voz de tu salutación a mis oídos, la criatura saltó de alegría en mi vientre." Lucas 1:43, 44.

Ella expresa por primera vez y reconoció que Jesús era su salvador.

¡Qué hermoso!

No se sentía digna de tan grande privilegio de esta visita, y al escuchar sus oídos el saludo de María, hay un regocijo también en el bebé que lleva por dentro y dice la Palabra de Dios que el niño saltó de alegría, está comprobado que lo que la madre percibe el niño lo recibe, en este caso es impactado por la felicidad.

Es importante que amemos y respetemos el fruto de nuestro vientre, y que recordemos que esos bebés escuchan y sienten, no podemos ignorarlos, como lo vemos en estos tiempos, debemos de recordar que son las manos de Dios que los están formando, e interrumpir el tiempo de gestación es como decirle a Dios: No me importa lo que tú estás formando.

¡Cuida y ama lo que Dios ha depositado en ti!

Quizá este bebé te traiga malos recuerdos, quizá fuiste abusada, busca a Dios, Él sanará toda herida, pero querer deshacerte de él de una manera cruel, no es justo para él, recuerda, él es inocente y debes protegerlo. …Y eso es asesinato.

¿Cuánto podemos aprender de esta mujer?, si queremos recibir milagros sobrenaturales es necesario vivir una vida agradable a Dios.

¿Te pregunto?

¿Qué te impide a ti cambiar tu forma de vida, qué es lo que tienes que dejar?; ¿son vicios, relaciones ilícitas, amistades que te han llevado al caos?

Por mucho que te guste algo o alguien, déjalo y pídele ayuda a Dios, que Él sea el centro de tu vida. Sé una persona que le agrade a Dios, tu vida y tus actos. Predica siempre y practica con la verdad.

¡No importa lo que sea!

Dios te puede cambiar y restaurar y que concibas en tu corazón el fruto del espíritu que es:

-Amor.

-Gozo.

-Paz.

-Paciencia.

-Benignidad.

-Bondad.

-Fe.

-Mansedumbre.

-Templanza.

Y un gran espíritu, que es el que nos da Nuestro Señor Jesucristo de dominio propio y no de temor.

Si damos esta clase de frutos, nadie nos podrá hacer frente en nuestro camino.

Elizabeth fue una mujer irreprensible también, que cuando pensó que no había esperanza de realizar sus sueños, Dios la visita con el regalo que tanto había anhelado.

Porque fue una mujer que Dios amó.

¿Qué sueños aún no se han realizado en tu vida?

Sigue orando, sigue clamando y en el tiempo de Dios Él te responderá.

El tiempo de Dios es perfecto:

Dios quiere darte el gran regalo de la Salvación este día, luego cumplirá su propósito en ti.

Y verás cumplidos todos tus anhelos de tu corazón. La fe, la esperanza que Él te da es única y para siempre.

¿Quieres que el Espíritu de Dios venga sobre ti, y ser lleno de su presencia?, sólo repite esta oración de rendimiento a nuestro Dios.

Di:

A ti Padre celestial clamo este día, porque estoy cansado(a), y vengo a ti arrepentido(a), perdóname y límpiame de todos mis pecados, escribe mi nombre en ese Libro de la Vida, yo quiero recibir la salvación de mi alma, que sólo a través de tu Hijo puedo obtener. Gracias por tu gran amor con que me has amado siempre, te lo pido en ese nombre que es sobre todo nombre: Jesucristo. Amén, amén y amén.

La Vid

Ten fe y
Esperanza
De recibir
Tu Milagro,
En el
Precioso
Nombre de
Jesús.

Mary Escamilla
Dra. ❤

Dios

Nunca

Avergüenza

A sus hijos.

Él te ama,

Él te guarda,

Él te cuida y

Él te respalda.

Dra.

La Vid

La primera
Iglesia
Evangélica
Fue fundada en
Ginebra, Suiza.

Mary Escamilla

Dra.

La Vid

Cuando veas

Los milagros;

Como los cojos

Que andan,

Los ciegos que ven y

Los mudos que hablan.

Ahí está DIOS.

Mary Escamilla
Dra. ♥

La Vid

Nada me

Separa

Del amor

De Dios,

Ni la escasez,

Ni la tribulación,

Ni la pobreza,

Ni la enfermedad,

Porque Él me da

Fortaleza.

Mary Escamilla
Dra. ♥

La Vid

Nunca

Maldigas

A tus

Padres,

Porque

Mueres

Para

Dios.

Mary Escamilla
Dra. 🖤

La Vid

Si eres

Santo

Purifícate,

Santifícate,

Y Sepárate

Del mundo.

Mary Escamilla
Dra. 💜

La Vid

DIOS no
Trabaja en
Círculos,
Él trabaja
En líneas
Rectas y te
Saca del
Desierto.

Mary Escamilla

Dra. 🖤

La Vid

Las familias
Comprometidas
Con Dios, viven
Mucho mejor.

Mary Escamilla
Dra.

La Vid

Los que
Practican
Verdaderamente
Su fe,
Tienen menos
Enfermedades.

Mary Escamilla
Dra. ❤

La Palabra de
Dios es Salvación,
Arrepentimiento,
Perseverancia,
Sabiduría,
Conocimiento,
Obediencia,
Amor y Perdón.

Mary Escamilla
Dra. ♥

La Vid

No descuides
Tu vida
Espiritual,
Aliméntala
Con la Palabra
Que es viva
Y eficaz.

Mary Escamilla
Dra.

Ocupa siempre

Tu tiempo

En el conocimiento

De la Palabra de Dios.

La Vid

Dios da a
Los humildes;
La remuneración,
La riqueza
Y la honra.

Mary Escamilla
Dra.

La Vid

Encuentra el

Buen remedio,

Con un corazón

Siempre alegre.

Mary Escamilla

Dra. 🖤

La Vid

Cuando el espíritu
Se entristece, se
Secan tus huesos.
¡Cuidado!

Mary Escamilla
Dra. ♥

La Vid

No es agradable

A Dios, condenar

Y señalar al justo.

Mary Escamilla
Dra. ♥

La Vid

El entendido

Tiene sabiduría

Y la usa para

Hacer el bien.

Mary Escamilla
Dra. ♥

La Vid

No avergüences
A tus padres con
Tu rebeldía y Necedad.

Mary Escamilla
Dra. 🖤

La Vid

Honra a

Tus hijos

Y serás

Un buen

Padre.

Mary Escamilla

Dra. ❤

La Vid

Los necios,

Con su dinero,

No pueden

Comprar

Nada bueno.

Mary Escamilla
Dra. 🖤

La Vid

No apartes
A tus verdaderos
Amigos, hablando
Mal de ellos.

Mary Escamilla
Dra. ♥

No justifiques
Al impío,
Porque serás
Igual que él.

Abigail

LA HISTORIA DE ABIGAIL

Las características que la Biblia nos declara sobre esta mujer son extraordinarias, su esposo era un hombre rico, tenía tres mil ovejas y mil cabras, pero era todo lo contrario a ella, un hombre necio, cruel y despiadado.

"Y aquel varón se llamaba Nabal, y su mujer, Abigail. Era aquella mujer de buen entendimiento y de hermosa apariencia, pero el hombre era duro y de malas obras; y era del linaje de Caleb." 1ª. Samuel 25:3.

No sabemos los motivos exactos de esta unión tan dispareja, posiblemente fue por un pacto de sus padres, se pusieron de acuerdo.

Posiblemente fue así, porque de otra manera no habría sido normal que estuvieran como pareja.

David se enojó mucho con el esposo de Abigail, a tal grado de querer vengarse, pero Abigail le sale al encuentro y sabiamente le pide que reflexione y que no haga caso a su esposo, porque en su corazón había insensatez.

Después Dios hace justicia y Nabal muere, Abigail con su buen razonamiento había impactado a David, quien al verla quedar viuda la toma por su mujer.

Veremos cómo esta mujer batallaba día a día con este hombre necio. Y amados, cuando una mujer tiene por esposo o pareja, así es muy difícil mantener una convivencia y es mucho dolor para el corazón.

1-SU ESPOSO ERA UN HOMBRE RICO, PERO INSENSATO.

Este hombre era poseedor de una gran abundancia de bienes materiales, pero la riqueza sin sabiduría no tiene valor alguno.

Esa clase de riquezas no son duraderas, es mejor el hombre de bien, que la abundancia en mano de los que hacen maldad.

¿Cómo son las riquezas en manos del insensato?

-No las podrá disfrutar Salmos: 39:6.

-Caerá el que confía en ellas. Proverbios 11:28.

-No le durarán mucho. Job 15:29.

Con esto no queremos decir que el obtener riquezas es malo, Dios dice que de Él viene el poder para hacer riquezas, pero cuando éstas toman el lugar de lo más valioso que es lo espiritual, entonces no son bendición sino destrucción. Y Dios dice que te da lo que necesitas, no lo que tú quieras.

En esta vida el hombre no debe afanarse primeramente en hacer riquezas y confiar en ellas, sino Dios quiere que confiemos sólo en Él, únicamente en Él y nada más.

Dios nos manda a que abundemos en las riquezas de su gloria, que no pongamos las esperanzas en lo perecedero sino en las cosas de arriba que son eternas, las cosas celestiales.

Jesucristo habló a través de una parábola de un hombre rico que tenía tanto que no hallaba dónde guardarlo y creía que su vida estaba asegurada, pero en ese momento Dios le dijo:

"Necio, esta noche vienen a pedirte tu alma; y lo que has provisto, ¿de quién será?

Así es el que hace para sí tesoro, y no es rico para con Dios." Lucas 12:20, 21.

Dios nos manda a confiar cada día en Él y buscar su rostro para tener comunión con Él espiritualmente, y todo lo demás, incluyendo las riquezas, son añadiduras que Él nos dará.

Cuando confiamos en Él nos da conforme a su riqueza en gloria. Esa es su promesa, porque Él siempre suplirá. Sus riquezas son infinitas desde lo espiritual hasta financieras, porque Él es el Cristo de la Gloria y dueño del oro y de la plata.

Nabal no pudo apreciar el valor de su esposa Abigail ni pudo disfrutar de esa relación, una mujer llena de tantas virtudes, a causa de sus riquezas temporales en las que él había puesto su mirada en él mismo y en sus riquezas.

2- SU ESPOSO ERA UN HOMBRE NECIO Y CRUEL.

David había hecho mucho bien a los pastores de Nabal, había tenido cuidado de ellos, los había alimentado y un día envía a diez mensajeros a Nabal para pedirle ayuda, pero Nabal en vez de agradecerle por lo que había hecho con sus pastores, lo ofendió y no les dio ninguna ayuda y más bien se burló de ellos.

Sin embargo amados, todos debemos saber que lo mismo que sembramos, eso cosechamos.

Dios desde el cielo ve toda injusticia y este hombre, teniendo muchas riquezas, no quiso darles alimentos ni agua. ¡Qué egoísmo, ni agua!

Y dijo:

"¿He de tomar yo ahora mi pan, mi agua, y la carne que he preparado para mis esquiladores, y darla a hombres que no sé de dónde son?" 1ª Samuel 25:11.

Sólo un corazón egoísta y cruel puede hacer esto, la Biblia dice: que ni aun un vaso de agua que demos a uno de sus hijos quedará sin recompensa.

Los jóvenes que David había enviado, le dan la noticia de cómo este hombre los había tratado, y él se enojó mucho. Así que David toma a cuatrocientos hombres y se ciñeron sus espadas, listos para destruir la casa de este hombre. Pero un criado de Abigail se dio cuenta de este plan y le dijo que el mal se aproximaba a su casa, porque su esposo era "tan perverso que no había quien pudiera hablarle". 1ª.

Un carácter difícil, con un espíritu de terquedad y soberbia.

Pero:

¿Qué hizo Abigail, su esposa?

Una decisión sabia y entendida, una mujer de Dios.

Tomó:

200 panes

2 cueros de vino

5 ovejas guisadas

5 medidas de grano tostado

100 racimos de uvas pasas

200 panes de higos secos

Y lo cargó todo en asnos.

Y todo esto lo hizo sin consultarle a su marido, porque su buen razonamiento venía del mismo cielo, y la guió a evitar la muerte segura para toda su casa, esta mujer era una mujer prudente usando la sabiduría que Dios le había dado.

Hay decisiones en nuestra existencia que tenemos que tomar de inmediato porque son de vida o muerte.

ABIGAIL, UNA MUJER INTERCESORA.

Y fue una mujer que Dios amó.

Y se atrevió a hablar a favor de su familia para librarla del mal.

Esta mujer sabía lo que hacía, llevaba un cargamento de alimentos, lo que su esposo no había querido entregarles porque era un hombre tacaño, Abigail al ver a David se bajó de prisa del asno y se postró y se inclinó en tierra y todavía se echó a sus pies, y le dijo:

"No haga caso ahora mi señor de ese hombre perverso, de Nabal, porque conforme a su nombre, así es. Él se llama Nabal, y la insensatez está con él; mas yo tu sierva no vi a los jóvenes que tú enviaste." 1ª. Samuel 25:25.

Un ejemplo de cómo nos debemos presentar ante el Señor para pedir misericordia y orar por otros, postrarnos ante Él, e interceder por ellos para que Dios conteste la petición de tu corazón.

¿Qué clase de esposo tienes en tu casa?

-¿Insensato?

-¿Perverso?

-¿Violento?

-¿De carácter difícil?

Dios quiere darte la sabiduría en tu corazón para poder tener la valentía de sacar tu familia adelante.

¿Sientes que ya no puedes más?

Busca al que verdaderamente te ama de corazón, llénate de su Palabra, clámale a Él y Él te dará las estrategias que debes seguir. Y sigue sus instrucciones de acuerdo a su Palabra.

ABIGAIL LE PIDE PERDÓN A DAVID.

Por lo que su esposo había hecho, y lo convence de no tomar la justicia en sus propias manos.

¡Qué ejemplo más hermoso de seguir! ¡Qué diligencia de mujer y qué sabiduría!

¿A cuántas personas aún tenemos que pedirles perdón?

Hazlo hoy si Dios te lo pone en tu corazón.

Así como ella le pide perdón por las actitudes de su esposo vemos que, aunque no era un esposo ejemplar, intercede por él.

Dios puede contestar tu clamor y cambiará ese esposo o familiar.

David, después de escuchar a esta mujer, le dice:

..."Bendito sea Jehová Dios de Israel, que te envió para que hoy me encontrases.

Y bendito sea tu razonamiento, y bendita tú, que me has estorbado hoy de ir a derramar sangre, y a vengarme por mi propia mano." 1ª. Samuel 25:32, 33.

3- NABAL, UN ESPOSO BORRACHO.

Qué terrible vida la que llevaba Abigail, sabemos que las bebidas embriagantes o cualquier sustancia cambian el temperamento de una persona y también afectan las capacidades mentales, emocionales, físicas, así como sicológicas.

Muchas personas dicen que van a cambiar, pero vuelven y recaen; se arrepienten, piden perdón, pero luego siguen hasta llegar a insultar lo más amado que es su propia familia. O a maltratar por esa adicción y enfermedad como lo es el alcoholismo.

¿Tienes un problema de alcoholismo?

¿Tu cónyuge tiene vicios?

¿Has buscado solución a tu problema y no lo has encontrado? No te preocupes más, ve al Altísimo.

Este día te presentamos a Jesucristo de Nazaret que lo puede hacer si tú te determinas a decir hoy mismo.

¡Basta ya!

La Palabra de Dios nos manda que no nos juntemos con los borrachos, porque si no estás fundamentado en Dios podrás caer tú también, ellos están en una lista que no heredarán el Reino de los Cielos.

Si tú estás viviendo con una persona así, refúgiate hoy en los brazos del Señor, Él ha visto cada lágrima que ha salido de tus ojos, las noches de desvelo, los gritos que has soportado, los golpes físicos, mentales y sicológicos, y las marcas que están dentro de ti y en tus hijos. Eso no es agradable al Señor.

ABIGAIL, UNA MUJER PRUDENTE.

Abigail regresa a su casa y encuentra esta escena:

"Y Abigail volvió a Nabal, y he aquí que él tenía banquete en su casa como banquete de rey; y el corazón de Nabal estaba alegre, y estaba completamente ebrio, por lo cual ella no le declaró cosa alguna hasta el día siguiente." 1ª. Samuel 25:36.

Aunque el corazón de su esposo estaba alegre, ella no quiso hablar con él porque sabía que las emociones de él estaban alteradas.

De esa misma manera la mujer de Dios es entendida, prudente y valiente para afrontar y discernir este tipo de situaciones y adicciones.

¡Alerta!

Abigail calló… Sabía que no era el momento de hablar…

Cuántos de nosotros nos hemos dejado guiar por nuestras propias emociones y no guardamos silencio cuando deberíamos de hacerlo.

¿Por qué será?

Porque no estamos siendo guiadas por el Espíritu de Dios y nuestro corazón está lleno de mucho dolor, por eso hablamos sin sabiduría.

Dejemos de apoyarnos en nuestros propios razonamientos y entreguémonos completamente a nuestro Señor Jesucristo. Así como lo hice yo.

Abigail esperó que a su esposo le pasaran los efectos de la borrachera…Y habló sabiamente con él.

"Pero por la mañana, cuando ya a Nabal se le habían pasado los efectos del vino, le refirió su mujer estas cosas; y desmayó su corazón en él, y se quedó como una piedra.

Y diez días después, Jehová hirió a Nabal, y murió." 1ª. 25:37, 38.

¡Qué triste, cómo terminó Nabal!

La paga del pecado es muerte segura…Pero tú ahora tienes vida y puedes arrepentirte.

Hoy es el día de tu Salvación, antes que lleguen las sombras de muerte a tu vida.

Abigail había hecho una gran labor espiritual en su hogar, había intercedido por su esposo, deteniendo la ira en contra de toda su casa, Dios le dio un tiempo para recapacitar a su esposo y que él cambiara de sus malos caminos, pero él no quiso, siguió siendo necio, rebelde, cruel y amando más sus riquezas, que al final no pudo disfrutarlas.

¡Dios sabe recompensar!

ABIGAIL ES RECOMPENSADA POR DIOS.

David quedó impactado por Abigail, que cuando oyó la noticia que Nabal había muerto, dio gracias a Dios porque Jehová había juzgado la causa de su afrenta, después David envió a sus siervos y hablaron con ella, luego el rey David la tomó por su mujer, y vemos que ella sigue con una actitud de humildad, y eso es lo que Dios desea de toda la humanidad, que dejemos de ser altivos, soberbios y orgullosos, y nos humillemos delante de Él con un corazón contrito y humillado en su presencia.

"Y ella se levantó e inclinó su rostro a tierra, diciendo: He aquí tu sierva, que será una sierva para lavar los pies de los siervos de mi señor." 1ª. Samuel 25:41.

Un corazón humilde siempre se sentirá inmerecido de las bendiciones que puede recibir de Dios, como lo mostró Abigail de sentirse como una sierva para los demás, aunque fueran ellos los que tenían que servirle.

Pero Dios te dice en esta hora: considérate inferior siempre a tu siervo y el Señor te exalta en público y te recompensa.

Si en tu hogar estás necesitando la intervención divina de emergencia, para que Dios haga misericordia y justicia, éste es el día que Él puede llenar tu corazón de sabiduría, entendimiento, prudencia, humildad y buen juicio, y ser una intercesora en tu propia casa, Él cambiará toda necedad, toda maldad, toda crueldad y perversidad, antes que sea demasiado tarde.

Hazlo ahora mismo y experimentarás en tu hogar esa paz que te da Dios.

Si lo deseas, haz esta oración:

Padre del cielo y de la tierra ven a mi auxilio, en este día me entrego completamente a ti, perdóname por no haberte buscado antes, lávame con tu sangre preciosa que derramaste por mí en la Cruz del Calvario y escribe mi nombre en el Libro de la Vida, toma control de mi mente y de mis emociones, quiero ser una intercesora que se ponga en la brecha por mi esposo y mis hijos y por todos, te lo pido en el nombre de tu Hijo Amado, Jesucristo. Amén, amén y amén.

La Vid

La altivez,

El orgullo,

La mentira y

El pecado,

Te llevan a

La Perdición.

Mary Escamilla
Dra.

Mi fe

Me da la

Certeza

De la

Palabra

De Dios,

Y el Espíritu

Santo el

Convencimiento.

La Vid

Estoy muy
Agradecido
Por el amor
Y cuidado
De mis
Amados padres.

Mary Escamilla
Dra.

La Vid

Soy discípulo
De Jesús.

Mary Escamilla
Dra.

La Vid

No seas

Hijo

Indómito

O rebelde

Como

Novillo.

Mary Escamilla
Dra. ♥

La Vid

Hoy es el día

En que abras

Tu corazón

Al llamado

De Dios.

Mary Escamilla
Dra. 🖤

Mi fe está
Basada en la
Resurrección
De Jesús.

Mary Escamilla
Dra. ♥

La Vid

Dios da a
Los humildes;
La remuneración,
La riqueza
Y la honra.

Mary Escamilla
Dra. ♥

La Vid

Los rebeldes
Siempre hacen
Lo malo y se
Justifican.

Mary Escamilla
Dra. 🖤

La Vid

Los entendidos

Son prudentes

Y sensatos.

Mary Escamilla
Dra. 🖤

La Vid

Los necios

Y fatuos,

Devuelven

Mal por bien.

Mary Escamilla
Dra. 🖤

La Vid

Ama a tus
Amigos como
Si fueran de
Tu familia.

Mary Escamilla
Dra. ♥

Cuando rechazas la
Palabra de Dios
Te condenas.

Mary Escamilla
Dra. ♥

Las promesas
De Dios son
Exactas.

Mary Escamilla
Dra. ♥

La Vid

El Juicio Final,

Es fuego

O gloria.

Mary Escamilla
Dra. ♥

La gracia de Dios

Es la que te santifica

Y te da el poder.

Dra. ♥

La Vid

La vida cristiana
Es una vida
Sobrenatural.

Mary Escamilla
Dra. ❤

La Vid

La resurrección
De Jesús te da
Esperanza.

Mary Escamilla
Dra. ♥

La Vid

La Santa Palabra
Fortalece mi Fe.

Mary Escamilla
Dra. ♥

La Vid

No intimides
A las ovejas
Del Señor,
Porque a tu vida
Vendrá juicio.

Mary Escamilla
Dra. ♥

La Vid

Por Gracia

Somos salvados

Para hacer

Buenas obras.

Mary Escamilla

Dra. 🖤

La Vid

Si tu vida no

Es cambiada,

No has nacido

De nuevo.

Mary Escamilla

Dra.

La Vid

¡Cuidado!
Que el enemigo
No atormente
Tu alma, ni tu
Mente o corazón.

Mary Escamilla
Dra. ♥

Priscila

LA HISTORIA DE PRISCILA

Una mujer emprendedora, esposa de Aquila, ellos eran fabricantes de tiendas, fueron expulsados de Roma y se fueron a vivir a Corinto.

Priscila y su esposo eran muy hospitalarios, tuvieron al apóstol Pablo viviendo en su casa, teniendo el gran privilegio de ser enseñados por él.

"Y halló a un judío llamado Aquila, natural del Ponto, recién venido de Italia con Priscila su mujer, por cuanto Claudio había mandado que todos los judíos saliesen de Roma. Fue a ellos, y como era del mismo oficio, se quedó con ellos, y trabajaban juntos, pues el oficio de ellos era hacer tiendas." Hechos 18:2, 3.

Priscila estuvo siempre unida a su esposo, acompañaron a Pablo en su viaje misionero a Éfeso y éste confió en ellos, los dejó a cargo de la obra allí y luego estuvieron en varios lugares con él.

Se cree que Priscila era una mujer con una gran fuerza en su carácter, un ejemplo como esposa, llena de muchas virtudes.

1-DEMOSTRÓ UNA AMISTAD SINCERA.

Qué hermoso es poder tener amigos que puedan estar en los momentos más difíciles de nuestra vida, que nos alienten, que nos dediquen tiempo para escucharnos, que nos den apoyo emocional en las crisis que atravesamos, eso no tiene precio.

Eso lo podemos obtener cuando nosotros entregamos todas nuestras cargas al Señor, entonces nuestra vida es transformada y tenemos espacio en nuestro corazón para abrazar al desconsolado, brindar una mano amiga al que lo necesita y dejar entrar nuevas amistades que, aunque no sean parte de nuestro núcleo familiar, lo llegan a ser por el amor que Dios ha depositado en nosotros.

Por circunstancias difíciles de entender, Priscila y su esposo llegan a Corinto, donde conocen al Apóstol Pablo, al cual dan hospitalidad y le brindan su sincera amistad.

La casa de Priscila era una empresa, pero también un centro de hospitalidad y un lugar de refrigerio espiritual. Eso es un verdadero amor al prójimo.

Muchas veces nos cuesta abrir las puertas de nuestros hogares para recibir amistades nuevas, pero es una oportunidad para presentarle el mejor mensaje, poder aconsejarlas y que conozcan el amor de Dios que es incomparable y grande, sin embargo, en ocasiones nos engaña el enemigo de la mente y no queremos dar esa hospitalidad al forastero, como debería de ser.

Porque pensamos: ¿Y si me molesta en esto o en lo otro? Nos imaginamos incomodidad, que nos roban nuestra privacidad o invaden nuestro espacio.

¿Cómo nos consideramos nosotros ante esa cualidad que es la sinceridad?

¿Somos realmente verdaderos?

¿Somos sin falsedad?

¿Somos sin hipocresía?

¿Somos auténticos o fingimos?

A Dios no le agrada que hablemos falso testimonio; es una de las seis cosas que aborrece Dios, es dura la palabra al comparar que es como martillo y cuchillo y saeta aguda el que habla falso testimonio contra su prójimo.

¡Que Dios nos ayude y nos libre!, así como su Santo Espíritu nos redarguya de hablar falso testimonio contra nuestro prójimo.

Este mundo necesita conocer a personas en las cuales se pueda confiar, que guarden secretos y que seamos apoyo de aquel que nos necesita. Pero un verdadero apoyo sin esperar nada a cambio, porque lo que tú haces para otros, Dios lo hace para ti.

Eso tenlo siempre en cuenta; Dios no olvida nada, Él te recompensa siempre al 30, al 60 y al 101. Haz siempre el bien sin mirar a quién.

Cuidemos nuestra lengua, debemos ser prontos para oír y tardos para hablar, dice la Palabra que el chismoso descubre el secreto y aparta a los mejores amigos.

Tú no seas una estadística más, no seas chismoso, eso no es agradable al Señor y viene juicio contra ti. ¡Apártate del mal!

No hables mal de nadie, aun cuando sea cierto. Mejor deja que otros lo digan, pero tú no, sé prudente.

La lengua es un miembro pequeño pero capaz de encender y devorar grandes bosques. Y destruir y hasta matar porque la lengua tiene el poder de bendecir y maldecir. ¡Cuídate!, tú usa tu lengua para que de tu boca salgan palabras dulces para las demás personas. Buenas palabras, que sean de edificación, de aliento para los demás.

¡Cuidémonos de este gran mal!

Priscila fue un ejemplo de mujer prudente y llena de amor a Dios y al prójimo.

Porque seguía la instrucción del Todopoderoso. Ama a tu prójimo como a ti mismo y nunca descubras algo o digas de lo que tú no estás segura, nada más 'para quedar bien con los demás'. Sé tú una mujer temerosa de Dios.

¿Quieres imitarla?

Dios te ama, hazlo hoy y sé una mujer obediente y fiel.

El apóstol Pablo nos exhorta en 1ª. Corintios 5:8.

"Así que celebremos la fiesta, no con la vieja levadura, ni con la levadura de malicia y de maldad, sino con panes sin levadura, de sinceridad y de verdad."

Priscila y su esposo demostraron una sincera amistad a Pablo, llegando él a apreciarlos grandemente.

Qué privilegio, ¿verdad?, ser amigo de un discípulo de Cristo, de un hombre lleno del Espíritu Santo.

Qué maravilloso es tener una amistad así, verdadera y sincera en todo. Y Priscila lo era.

2- TENÍA UNA BUENA RELACIÓN CON SU ESPOSO.

Siempre se le menciona junto a su esposo, veamos cómo eran:

Como matrimonio:

-Trabajaban juntos en su casa, edificando y trabajando para el Reino porque Priscila era una mujer sabia, entendida y valiente.

Posiblemente ella cocinaba, limpiaba, era una buena administradora de su propia casa, de su tiempo y edificando su hogar, como una mujer que Dios amó, trabajaba para el Ministerio que eso es la inversión más grande que tú puedes hacer; tesoros en el cielo, no en la tierra.

Aquí en la tierra viene el ladrón y te lo roba, procura sembrar siempre en tierra fértil, no en cizaña o tierra infértil.

Priscila y su esposo tenían buena comunicación, posiblemente mientras trabajaban compartían sus sueños y sus experiencias maravillosas con Dios.

Qué hermoso tener un esposo así. Qué matrimonio ejemplar.

¿Cómo es tu relación con tu esposo?

¿Hablan de todo y sabes escuchar y dialogar con él?

¿Pueden compartir los anhelos más profundos?

¿Nunca le escondes nada ni andas con secretos?

¿Pueden reír en medio de las situaciones difíciles?

¿Estás con él en las buenas y en las malas y siempre lo respetas?

¿Y puedes glorificar el nombre de Dios aun en la escasez, enfermedad y tribulación? Recuerda, Él te da la recompensa, la vida eterna.

¡Qué regalo más maravilloso!

¿Tú y tu esposo pueden llegar a un acuerdo sin gritar ni pelear, poniendo siempre a Dios primero en todo?

Respetar el Orden Divino, el que ha sido diseñado por Dios, no por los hombres. Cuando todo va en Orden Divino todo fluye mejor, buscando siempre la dirección del Creador, no la propia.

¿Se respetan entre sí?

El respeto es muy importante en la pareja, aprender a darse el valor cada uno. Eso es el Diseño del Creador.

Si algo de esto está faltando en tu hogar, tenemos que ir a su presencia, orar fervientemente y pedirle que nuestro hogar sea cambiado. Recordemos que Dios es el oyente silencioso de toda conversación y como alguien dijo; el huésped invisible. Y como la autoridad máxima en el hogar, debemos guardarle el debido respeto. Porque Dios todo lo sabe y todo lo ve. Él es omnisciente, omnipresente y omnipotente.

Así, Priscila y su esposo estaban unidos no solamente por un contrato humano, sino habían entendido que su unión era divina y por lo tanto habían puesto el fundamento primordial en su matrimonio que es Jesucristo.

Cuando tú lo pones en el centro de tu matrimonio todo fluye y funciona mejor, porque Él es la cabeza del hogar.

Se cree que Priscila tenía una gran fuerza en su carácter, una ayuda idónea perfecta para su esposo, que ella tenía como lo estableció Dios, el ser la cabeza de su hogar, de su esposa, de su familia y Cristo la cabeza del esposo.

¿Cómo se puede lograr eso?

Muy sencillo, ponerlo todo en manos de Dios y que la mujer se sujete a su marido, como está escrito en la Palabra. Que nunca tome el lugar de él porque ese no es un Orden Divino.

¿Cómo sí se puede?… Amándola cómo Cristo amó a su iglesia, y Aquila amaba a su esposa.

El querer imponer a su pareja, por la posición que Dios le ha dado maneras de pensar, maneras de proceder, es violar y saltarse el límite del respeto. Sigan la instrucción divina.

Mujer no te pongas en el lugar que no te corresponde. Eso no es agradable al Señor.

¿Cómo saber si somos así?

-Cuando le exiges a tu pareja que acepte o que haga algo que ella no quiere, pero para que no haya contienda accede y luego vienen los problemas porque hizo algo forzado.

No, nunca lo hagas, que todo sea de común acuerdo y en santa comunión, no humillando ni forzando.

¿Cómo o cuándo te sientes superior a tu pareja?

-Cuando le pones carga o una obligación, a tal grado de provocarle temor ya sea con amenazas o enojos. De esa manera no van a conseguir nada, todo lo contrario, eso repercute y el día menos pensado acaba todo por tu manera de actuar con tu cónyuge.

Y luego los hijos se dañan en sus sentimientos cuando ven a los padres en esa posición o hasta una separación. Eso les causa dolor en su corazón porque ellos quieren a papá y a mamá.

Priscila y su esposo Aquila habían comprendido que el uno sin el otro no estaban completos y lo demuestran viajando juntos y compartiendo, ella como ayuda idónea del varón y él como proveedor e instructor de su hogar.

Por las muchas ocupaciones, las parejas ahora no se divierten, no ríen juntos, abren brechas, distanciamientos y el enemigo crea un ambiente de decaimiento y cansancio que los hace incapaces de disfrutar la vida juntos, aunque tengas muchos años de matrimonio. ¡Cuídalo, consérvalo!

No claudiques, levántate y di; mi matrimonio es de bendición y si Dios nos unió es para siempre, hasta que la muerte nos separe.

¡Aún es tiempo de empezar, nunca es tarde!

Hazlo ahora, sigue las instrucciones divinas y tendrán un matrimonio exitoso.

Siempre y cuando seas obediente a la Palabra de Dios como lo fue este matrimonio. No pretendas que si vives nada más junto con alguien Cristo va a estar ahí. No, eso no puede ser, Cristo está en medio de los le aman y están en Orden Divino. Si no estás casado, cásate, permite que Dios esté con ustedes.

3-EJEMPLO DE LIDERAZGO.

Para llegar a ser unos buenos líderes, el requisito primordial es: Ser temerosos de Dios y luego ser buenos seguidores, aprender como niños de quienes nos enseñan a dar nuestros primeros nuestros primeros pasos en el Evangelio, dejar de ser contendedores y con un espíritu de mansedumbre. Aprender de los buenos maestros que Dios nos ponga en la vida cristiana, recordando que el manual que nunca falla son las Escrituras, y que nos hará sabios cuando nos sometemos a Dios y tenemos temor a su Palabra.

Para que tú seas también una bendición en la vida de tu esposo y seas una mujer amada por Dios.

Ellos empezaron su ministerio en su propia casa, tenían mucho amor por las almas perdidas. ¡Verdaderamente eso deberíamos hacer!

"Aquila y Priscila, con la iglesia que está en su casa, os saludan mucho en el Señor." 1ª. Corintios 16:19.

Existen varios tipos de liderazgos, he escuchado del líder orquesta, es aquel que todo lo quiere hacer y no deja que otros se desarrollen en sus dones.

No, tú dales oportunidad a otras personas. Aprende a delegar, de esta manera, como equipo, todo fluirá mejor.

Priscila es un ejemplo, al poner a Dios en primer lugar y luego tener un matrimonio que agradaba al Señor, como resultado demostraron ser unos buenos líderes, que llegaron a tener unos pastores que Pablo elogia.

¡Qué bendición!, que alguien elogie a otro y le diga esas bellas palabras de un buen servicio al Señor.

"Saludad a Priscila y a Aquila, mis colaboradores en Cristo Jesús, que expusieron su vida por mí; a los cuales no sólo yo doy gracias, sino también todas las iglesias de los gentiles." Romanos 16:3, 4.

El corazón de Priscila y su esposo se caracterizaban también por ser bondadosos, permitiendo que, en la intimidad de su hogar, donde todos queremos tener privacidad, ellos albergaron a otros en su casa, pero recordemos que eran guiados por el Espíritu Santo. Para hacer esta gran labor, debemos siempre consultar con Dios antes de tomar decisiones de quién entrará a nuestro hogar.

No tomes decisiones por emoción, siempre hazlo en oración y guía del Espíritu Santo.

Es muy importante saber si son personas enviadas por Dios; ora y Él te dará la dirección.

Pablo llega a Corinto y halló a este matrimonio que hacían el mismo oficio, lo recibieron en su hogar y estuvo por 18 meses con ellos, siendo bendecidos y discipulados a tal grado que después siguieron al Apóstol a Éfeso (Hechos 18:19) y a otros lugares.

Dios nos ha llamado a cumplir un propósito en esta vida, debemos de valorarnos quiénes somos en Cristo y a ser como Priscila, entregar nuestra amistad de una forma sincera y verdadera. Debemos saber siempre que todo los que sembramos eso mismo cosechamos.

Necesitamos muchas Priscila en estos tiempos, que amen, se sujeten y respeten a sus esposos.

¡Basta ya de seguir peleando!

¡Basta, no contiendas!

¡Basta ya de tanto divorcio!

¡Basta de esa división!

¡Basta ya de tanta violencia!

¡Basta de ese control!

¡Basta ya de tanto sufrimiento!

¡Basta de pensar que todo te mereces sin hacer nada!

¡Basta ya de resentimientos!

¡Y basta ya de no saber en qué posición divina quiere Dios que estés tú, mujer!, porque Dios quiere que seas la ayuda idónea para tu esposo. Porque Él creó a Adán y Eva, en esa posición, en ese orden. Es por eso que el varón es la cabeza del hogar y la mujer es la ayuda idónea.

Di en este día: ¡Clamo con todo mi corazón a Dios y me rindo a él!

¿Quieres imitar a esta mujer en su fe, conducta y amor?

Si tu respuesta es SÍ, haz esta oración:

Padre eterno, me rindo a ti, perdóname, límpiame, restaura mi corazón; te he fallado a ti primeramente y luego a mi esposo y a mis hijos, estoy arrepentida. Quiero que entres hoy a lo más profundo de mi corazón y que escribas mi nombre en ese libro sagrado, te lo pido en el nombre de Jesucristo. Amén, amén y amén.

Ahora podrás decir:

Bienvenido Señor Jesús a mi mente, a mi corazón, a mi hogar, a mi trabajo y a todo lugar donde vaya yo.

La Vid

No permitas
Que se marchite
Tu corazón.
Ama
Libremente.

Mary Escamilla
Dra.

La Vid

Cuando tienes el
Sello del Espíritu Santo,
tienes la
Cobertura divina.
No deteriores
Tu relación
Con Dios.
Sé obediente.

Mary Escamilla
Dra.

Sé benigno,

Ama,

Perdona y

Libérate

Del pasado.

Dra.

La Vid

La oración,

El ayuno y

La obediencia

Tienen poder.

Mary Escamilla

Dra. ♥

La Vid

Dios existe

En todo el

Universo y

En cada rincón

De él, porque

ÉL es el Creador

De todo.

Mary Escamilla
Dra. 💟

La Vid

Apártate

De las

Personas

Que

Envenenan

Tu mente.

Mary Escamilla
Dra. ♥

La Vid

Dios,

Con

Su

Poder,

Transforma

Tu

Vida.

Mary Escamilla
Dra. ♥

La Vid

La oración en
Todo tiempo
Edifica tu vida.

Mary Escamilla
Dra. ❤

La Vid

¡Cálmate
Pueblo santo!
El estrés provoca
Ataques.

Mary Escamilla
Dra.

El León

Es el

Todopoderoso y

Altísimo Dios.

La Vid

Dios no te mandó a
Construir edificios,
Te mandó a predicar
Su Palabra.
Tú eres la iglesia.

Mary Escamilla
Dra. ♥

La Vid

Dios pone todo
En orden desde
El principio.

Mary Escamilla
Dra. ♥

Imita al
Rey David,
Sirve a tu
Nación como
Lo hizo él.

Mary Escamilla
Dra. 🖤

La Vid

Anhela tener sed

De la Palabra

De Dios.

Mary Escamilla
Dra.

La Vid

De la

Excelencia

De Dios

Es el poder.

Mary Escamilla
Dra. 🖤

La Vid

El poder interior
Del hombre se
Renueva
Diariamente con
La Palabra de Dios.

La Vid

Creyente, aplica
Verdaderamente
La Palabra de Dios
En tu vida.

Mary Escamilla
Dra. ♥

La Vid

No contamines
El planeta donde
Vives, porque es
Creación de Dios.

Mary Escamilla
Dra. ♥

La Vid

Diariamente
En mi vida,
Siento la
Gracia de Dios.

Mary Escamilla
Dra. ♥

La salvación de
Tu alma es un
Verdadero
Regalo de Dios.

Mary Escamilla
Dra. ♥

La Vid

No uses
La Palabra
De Dios fuera
De contexto,
Escudriña
La Escritura.

Mary Escamilla
Dra. ♥

La Vid

Nutre tu vida
Espiritual
Todos los días,
Hasta el
Último momento.

Mary Escamilla
Dra. ♥

Los buenos siervos son fieles
y obedientes a su amo.
Porque trabajan para el Señor.

La Vid

LA MUJER PECADORA

Los escribas y fariseos buscaban siempre tentar a Jesús y, en esta ocasión, le llevaron una mujer pecadora para que fuera acusada por su acto de adulterio.

Y todos la acusaban, sin piedad la señalaban.

No se sabe el nombre de esta mujer que estaba teniendo una aventura de amor fuera de su matrimonio, ni el motivo que la llevó a caer en esa tentación.

Así como muchas hoy en día caen en el adulterio quizás por la falta de atención de sus esposos o simplemente porque les falta madurez espiritual sucumben a la tentación, así como lo fue esta mujer adúltera.

"Entonces los escribas y los fariseos le trajeron una mujer sorprendida en adulterio; y poniéndola en medio, le dijeron: Maestro, esta mujer ha sido sorprendida en el acto mismo de adulterio." San Juan 8:3, 4.

Pero Estos hombres querían ver cuando Jesús la condenara, pero fue todo lo contrario de lo que ellos esperaban mostrando así Jesús su gran amor y que Él es grande en Misericordia para toda la humanidad.

Él siempre muestra su amor, pero ellos querían sobresaltar la ley de Moisés, como estaba establecido, y apedrear a esta mujer pecadora. De la cual argumentaban, haberla sorprendido en adulterio.

Pero Jesús, conociendo las intenciones de sus corazones, los avergüenza de tal forma que no tuvieron otra cosa más que irse al ser confrontados por Él.

Y al escucharlo decir: Que tire la primera piedra contra ella, quien esté libre de pecado.

"Pero ellos, al oír esto, acusados por su conciencia, salían uno a uno hasta los postreros; y quedó sólo Jesús y la mujer que estaba en medio." San Juan 8:9.

Entonces ella se fue porque no había ninguna persona que la acusara.

Así vemos que la misión de Jesús al ser enviado por su Padre Celestial, era salvar lo que se había perdido y no condenar al mundo. Él venía a darles vida eterna.

La humanidad se ha perdido buscando caminos equivocados, pero si acudimos a Dios Él nos dará una oportunidad para cambiar nuestros malos caminos y volvernos a Él.

Él quiere prosperarnos, Él nos ama, Él quiere que tengamos una vida y vida en abundancia.

I-JESÚS CONFRONTA A LOS ACUSADORES.

Esta mujer estaba casada y quizá no se sentía feliz, tal vez estaba siendo abusada y andaba buscando un refugio, o se dejó llevar por sus malas pasiones, o le tendieron una trampa, o el enemigo de su alma la tentó y ella cayó.

De la forma que fuera, ella no respetó a su marido y le fue infiel. Y en ese tiempo eso era causa para que la apedrearan hasta matarla, esa era la ley.

Era culpable, no eran inventos de los escribas y fariseos, era una acusación real ya que fue sorprendida en el mismo acto de adulterio.

Y mira…

Estos hombres expusieron a esta mujer en medio para que fuera condenada. Ésta es la imagen de muchas personas que buscan siempre los defectos y malas actitudes de otros para gritarlo a los cuatro vientos y que todas las personas las acusen y condenen; mostrando que el ser humano es un ser sin misericordia y que tiene una perversidad y una maldad tan grande para hacer esto contra su prójimo.

Muchas veces queremos recibir la misericordia y perdón de Dios, nos creemos santos y que no cometemos pecado, pero nos es fácil acusar y atacar a otros. Muchas veces hablando de más, sin que una acusación sea cierta, únicamente para dejar a esa persona en mal ante los demás. Pero no lo hagas más, porque Dios lo ve todo y lo que tú siembras eso mismo cosecharás.

Mejor siembra bien para cosechar bien. No calumnies. Mira lo que Dios quiere porque Él te ama; aunque seas pecador Él quiere salvarte y su Palabra dice que todos hemos pecado, pero luego dice que Dios muestra su amor para con nosotros porque, aunque somos pecadores, Jesucristo murió por la humanidad entera para redimirnos de todo pecado, llevando Él nuestras culpas en la Cruz del Calvario. Mira cuánto te ama, que pagó a precio de sangre por tu salvación y la mía. ¡Qué maravilloso es Jesús!

¿Cuántas veces hemos condenado a alguien?

¿Cuántas veces hemos murmurado, hablando de alguien?

Dios nos confronta hoy, nos ha sido fácil ver los errores de otros y condenar las malas actitudes de otros, pero no nos hemos examinado a nosotros mismos.

Sería bueno hacer una lista de los malos comportamientos que hemos hecho hacia otras personas, para vernos reflejados y confrontados. Y cambiar radicalmente nuestra manera de ser, para no ser avergonzados como estos hipócritas escribas y fariseos que acusaban a esta mujer. Pero mira el milagro de Dios, cómo obró en la vida de esta mujer.

Ahora pensemos:

¿Cuántas acusaciones has recibido en tu vida?

Tal vez muchas, mira esta escena.

"Y como insistieran en preguntarle, se enderezó y les dijo: El que de vosotros esté sin pecado sea el primero en arrojar la piedra contra ella." San Juan 8:7.

¡Wow! Qué palabras del Maestro, qué sabiduría del Señor.

¿Y a ti, qué clase de piedras te han tirado para destruirte?

Quizás tu respuesta será; muchas y de diferentes tamaños, pero a pesar de eso aún estás aquí, emocionalmente quizás destruida. Pero hay esperanza en el dolor cuando recibes a Jesucristo, el Hijo de Dios, en tu corazón.

Ninguna piedra podrá destruir nada en tu vida, porque Él es la roca fuerte, el que te cuida, el que te ama, el que te salva y el que te perdona todos tus pecados. Así es que nadie puede contra ti. Si Él entra en ti…

Se cumplen todos:

Tus sueños.

Tus metas.

Tus ilusiones.

Tus proyectos.

Tus propósitos.

Tus anhelos. Etc.

Tú invítalo en este día, Dios salió al auxilio de esta mujer como lo quiere hacer hoy contigo y con toda tu hermosa familia.

Si has sido víctima de personas que tiran la piedra y esconden la mano, como dice el dicho, y te han hecho daño y se han ocultado para que no sepas quiénes son, no te preocupes.

Dios los descubre ahora, muchos de ellos son ocultos, no los puedes ver físicamente, otros, muchas ocasiones han sido las personas en que más confiabas. El propósito de Dios es sanar las heridas causadas por esas piedras que lanzaron sobre ti y para que te levantes a seguir tu camino. No hagas caso, si Dios está contigo quién contra ti, Él te da el poder de levantarte en el nombre de Jesús.

¡No te quedes tirado(a)!

¡Prosigue con Cristo tu camino!

¡Porque Él es el camino, la verdad y la vida!

¡Él está aquí para consolarte y animarte en todo momento!

Porque Él está siempre a tiempo y fuera de tiempo, de esta manera, así...

II-JESÚS SALE AL RESCATE DE ESTA MUJER.

"Pero ellos, al oír esto, acusados por su conciencia, salían uno a uno, comenzando desde los más viejos hasta los postreros; y quedó solo Jesús, y la mujer que estaba en medio." San Juan 8:9.

Dios conoce y escudriña el corazón de los hombres, sabe todo de cada uno y también quiénes son tus acusadores. Hoy, quien te lanza piedras, quien habla de ti a tus espaldas, quien te señala, así como lo hicieron con esta mujer adúltera y pecadora.

Ahora Dios encara a estos hombres y les pregunta: "El que esté sin pecado, sea el primero que arroje la piedra sobre ella." Ellos se sentían muy justos ante esta mujer e hicieron una comparación de acuerdo a su propia opinión, pero al final fueron avergonzados por las palabras de Jesús.

Y se fueron uno a uno porque comprendieron que también ellos eran pecadores.

La ley eso hacía, no ofrecía salvación sino sentencia de muerte, o sea, un corazón sin compasión.

Tuvieron que salir corriendo, cada cual por su camino, avergonzados. Asimismo, cuando la presencia de Dios invade al ser humano es confrontado, y todo espíritu contrario tiene que salir huyendo en el nombre de Jesús.

Los acusadores siempre traerán piedras en sus bolsillos para atacar, pero no les tengas miedo, si estás con Cristo nadie te hará daño, ni se atreverán a tirarlas contra ti.

Qué cobertura más hermosa es estar con Cristo, nadie te podrá hacer frente en todos tus caminos, porque Él vendrá en tu auxilio. Él siempre está contigo y en todo momento. Él es tu socorro, tu Señor y único Salvador.

Dios siempre quiere hablarnos a solas, en la intimidad de nuestro ser, para descubrir lo que hay dentro y para sanar toda herida. Jesús conocía la vida completa de esta mujer y lleva las palabras de consolación más hermosas que ella jamás se pudo imaginar escuchar; que su pecado había sido perdonado y que Jesús la salvó de una muerte segura, para darle vida eterna. Y le dijo: Vete y no peques más. Y ahora…

¿Dónde están los que te acusan?

¿En tu propio hogar, en tu trabajo o en la iglesia?

Muchas veces así es, hasta en tu familia la persona que tú más has ayudado te acusa, te señala, te tira piedras.

¿Es tu cónyuge, tus hijos o alguien en el vecindario?

No importa dónde estén, ni quiénes sean; Dios quiere abrazarte y darte de su amor para que en sus brazos te sientas segura(o) y protegida(o). De todos tus acusadores, incluyendo el enemigo de tu alma, todos están derrotados y están bajo las plantas de tus pies.

No te preocupes por ellos, preocúpate por llevar una vida agradable a Dios y, si así lo haces, ellos huirán de tu vida para que disfrutes de los mejores momentos con Dios, en esa intimidad, en esa comunión y en esa relación con Él.

Ve, ninguno la condenó, porque cuando entra la luz todas las tinieblas son disipadas y huyen porque nada tienen en común con la luz de Jesús.

No esperes más, arrepiéntete de todos tus pecados y Él te rescatará de lo más profundo del pecado donde has caído.

¡Dios ha llegado a tu rescate!

Ahora…

Él quiere salvarte.

Él quiere sanarte.

Él quiere liberarte.

Él quiere prosperarte.

¡No importa qué tan bajo hayas caído!

Él conoce tu corazón.

"Él es quien rescata del hoyo tu vida, y el que te corona de favores y misericordias."

Con su gran amor Él te levanta.

No hay otro camino para llegar a Dios, solamente a través de Jesucristo, quien murió por ti y por mí en la Cruz del Calvario.

Ríndete hoy y dile: Heme aquí Señor, que se haga tu voluntad y no la mía. Y Él te recibe con los brazos abiertos, con su gran amor que tiene para ti.

Y mira las palabras que el Maestro le dijo a la mujer:

III-VETE Y NO PEQUES MÁS.

Esta mujer recibió la mejor noticia de su vida, no moriría apedreada, sino recibe el perdón; todos sus acusadores se fueron y Jesús estando con ella, le hace la pregunta: ¿Mujer, dónde están los que te acusaban y condenaban? Y ella le responde:

"Ella dijo: Ninguno, Señor. Entonces Jesús le dijo: Ni yo te condeno; vete, y no peques más." San Juan 8:11.

Dios en estos tiempos quiere seguir rescatando a la humanidad, pero muchas veces queremos recibir el perdón de nuestros pecados y luego volver a la forma de vida equivocada que teníamos.

¡No!, sigue el camino angosto, sigue las Instrucciones Divinas que Él te da en su Palabra y deja el pecado, porque es muerte espiritual.

Pero debemos recordar no sólo las palabras de perdón y de misericordia que Jesús le dijo a esta mujer: Ni yo te condeno, sino también, las palabras de exhortación: "NO PEQUES MÁS." En ninguna área de tu vida.

Las palabras de exhortación muchas veces no son bienvenidas a nuestra mente ni a nuestro espíritu, que está viciado en las cosas de este mundo pecador. Y creemos que nadie sabe todo lo que hacemos, pero un día todo sale a la luz.

Recordemos el inmenso amor de Dios, pero no sigamos deleitándonos en lo que no edifica nuestra alma.

En lo que corrompe el espíritu y debilita la carne.

Porque si sigues pecando, después de haber sido rescatada(o) de una muerte segura y no aprecias la misericordia de Dios, conocerás la disciplina y lo lamentarás. Si ya conoces Palabra de Dios y no la tomas en cuenta y sigues y sigues pecando, entonces sí espera lo peor en tu vida.

Porque así como es de grande su amor, Él también es fuego consumidor cuando estás en tanta desobediencia siguiendo las instrucciones del mundo y no las divinas.

¿Te sientes defraudado(a)?

¿Te sientes acusado(a) por todos?

Las piedras que te han lanzado, ¿han causado heridas?

Él quiere perdonarte, sanarte y restaurar tu vida completa, si sientes que necesitas de su amor y perdón has una oración y di:

Me rindo a ti, Padre celestial, he cometido muchos pecados, te he ofendido por muchos años, pero este día renuncio a esta vida y me entrego a ti, perdóname por todos mis pecados, quiero ser libre de la esclavitud de los vicios o adulterio, recíbeme como tu hijo(a), aleja de mí a aquéllos que me acusan en mi ser interno, tú venciste en la Cruz del Calvario al reino de las tinieblas, que es el primer grande acusador en mi vida. Escribe mi nombre en el Libro de la Vida, te lo pido en el nombre de tu Hijo Jesucristo. Amén, amén y amén.

La Vid

El mundo

Tiene miedo

A la Palabra

De Dios,

Porque saben

Que es

Verdadera.

Dra. ♥

La Vid

¿Buscas

El pasado,

El presente

O el Futuro?

Todos están

En la Biblia!

Mary Escamilla
Dra.

Aprende

A escuchar

La voz de

Dios,

No te

Escondas.

Está en su

Palabra.

Mary Escamilla
Dra. 💙

La Vid

El amor

Y el

Perdón

Son

Sinónimo

De Libertad.

Mary Escamilla

Dra.

La Vid

El temor
A Dios te
Acerca
A Él.
El miedo
Te aleja
De Él.

Mary Escamilla
Dra.

La Vid

El señor

Me esconde

Bajo

La sombra

De sus

Alas.

Mary Escamilla
Dra. ♥

El justo

Vive

Confiando

Diariamente

En Dios.

Mary Escamilla
Dra. ♥

La Vid

Puedes perder
Todo o material,
Pero nunca el
Amor de Dios.

Mary Escamilla
Dra. ❤

La Vid

Gracias Dios
Por tu amor,
Cuidado y
Perdón.

La Vid

Mi vida es

Sobrenatural

Porque Dios

Me guarda.

Mary Escamilla

Dra.

La Vid

En la presencia
Del Señor Jesús
Yo me gozo.

Mary Escamilla
Dra. 🖤

La Vid

Jesús está

Dispuesto

A sanarte

Cualquier

Enfermedad,

Ahora clama

Él te responderá.

Mary Escamilla
Dra. ♥

La Vid

El único que
Venció el pecado
En la Cruz
Del Calvario,
Fue el Hijo de Dios.

Mary Escamilla
Dra.

Jesús es mi
Diario alimento
Y pan de mi vida.

Mary Escamilla
Dra. ♥

Soy hijo de

Un Rey

Y soy

Linaje

Escogido.

Mary Escamilla
Dra. 🖤

La Vid

Agradezco cada
Momento a Dios
Todopoderoso,
Su gracia y sus
Promesas en
Mi vida.

Mary Escamilla
Dra. 🖤

La Vid

Pongo la
Mirada en
El Señor
Jesús, en
Todo lo
Que hago.

Mary Escamilla
Dra. ♥

La Vid

Diariamente

Recibo las

Bendiciones

Del Altísimo

Padre Celestial.

Mary Escamilla
Dra. ♥

La Vid

Espero la

Venida del

Rey con gozo,

Porque me

Voy con Él.

Mary Escamilla
Dra. ♥

La Vid

La Gracia de
Dios cubre
Multitud de
Pecados.

Mary Escamilla
Dra. ♥

La Vid

Hoy es el
Mejor día
De mi vida
Porque lo
Hizo Dios.

Mary Escamilla
Dra. ♥

EPILOGO

Las características de todas las mujeres que encontramos en la Biblia, en todas las historias aquí escritas, vemos que fueron obedientes, sabias, entendidas, valientes y que siempre siguieron Instrucciones Divinas y sobre todo, todas ellas, tuvieron un común denominador; misericordia, servicio y amor.

Qué hermosas características de todas ellas y qué servicio tan extraordinario para el Señor, porque fueron mujeres que Dios amó, mujeres dignas de admiración, llenas de amor, de gracia y de fe.

Quizás hubo algunas pecadoras, adúlteras, desobedientes, Etc., pero todas al final se arrepintieron y Nuestro Señor Jesucristo las perdonó, las salvó y ellas nos dejaron una enseñanza de amor y obediencia a Dios.

Todas ellas perseveraron hasta el final y fueron recompensadas por Dios. Qué maravilloso es servir al Señor con todo tu corazón, con toda tu mente y con toda tu alma.

Verdadero ejemplo a seguir de cada una de ellas, verdadera enseñanza, siempre pusieron todo en las manos de Dios y siguieron la Instrucción Divina.

Sirvieron con entrega, con humildad, con amor, con fe, con obediencia, con arrepentimiento, con bondad y sobre todo fueron mujeres virtuosas y generosas, con piedad.

¿Qué clase de Mujer Eres Tú?

¿Con cuál mujer te identificas?

1 Infiel

2 Cuidadora

3 Abandonada

4 Amadora

5 Estéril

6 Prostituta

7 Mentirosa

8 Endemoniada

9 Creyente

10 Fiel

11 Abusada

12 Evangelizadora

13 Fornicaria

14 Adúltera

15 Obediente

16 Vanidosa

17 Temerosa

18 Sabia

19 Entendida

20 Valiente

22 Guerrera

BIOGRAFÍA DE LA REVERENDA MARY ESCAMILLA

La escritora nació en un bello Estado de la República Mexicana. Desde niña sintió inclinación por las letras, especialmente por los versos que escribía para diferentes eventos de la escuela primaria. En el transcurso de sus estudios de secundaria y preparatoria, se reveló en ella una fuente de inspiración que nunca la ha abandonado. En aquella época empezó a escribir historias para libros, guiones cinematográficos y letras de canciones (hasta la fecha más de 3.000), en su mayoría de contenido positivo, que dejan un buen mensaje; así como alabanzas y libros cristianos.

Mary Escamilla afirma: "Cuando acepté a Cristo vino a mi vida una fuente de inspiración divina y así empezó esa grande bendición de escribir más y más. Entre mis nuevas obras están los Milagros de Dios; Bendito Regalo de Salud Natural (con plantas, frutas y verduras); Limpia tu Cuerpo, tu Mente, tu Alma y Corazón; Balance de Vida; Dios Está en Todo Lugar y en Todo Momento, Gotitas de Limón y Miel, De la Luz a la Oscuridad, entre otros.

He escrito más de 200 alabanzas y cantos cristianos. En la actualidad soy Ministro Ordenado de la Economía de Dios. El Señor me ha usado grandemente para predicar el Evangelio a través de los libros como escritora y agradar a Dios en las alabanzas".

Otra faceta de Mary Escamilla es la de doctora en Naturopatía, terapeuta y consejera de salud natural. Por más de 25 años ella ha estado al aire en programas de radio y televisión, dando consejos a su comunidad sobre nutrición y salud.

Mary Escamilla aparece en el libro de National Register's Who's Who in Executive and Professionals, de Washington D.C., y en medios impresos como Selecciones Hispanas, Presencia y Enlace USA, entre otros. De igual manera ha participado en programas cristianos de radio y televisión por su faceta profesional y por los libros que ha escrito y publicado, que en la actualidad son más de 53 y 16 audiolibros.

Reflexión de una mujer hablando con Dios...

No sé ni cuántas veces
escuché que había
un Dios que me salvaba.

Pero yo no escuchaba nunca nada,
y en los placeres del mundo
siempre andaba.

Pero llegó el tiempo
en que mi corazón ya lo necesitaba,
clamaba en oración
porque a mi vida Él llegara.

Y un día me escuchó en oración
y me dijo que a diario Él me visitaba.

Y ahora es mi amigo fiel,
en todos los momentos
Él siempre está conmigo
y me dice que me ama
y que estará conmigo
hasta el último día de mi vida.

Mujer (poesía)

Mujer, tu padre ya pagó
el rescate por tu vida.
Mujer, no te preocupes más
Él ya ha sanado tu corazón
de todas las heridas.

Mujer, no creas más en las mentiras
que te dice el enemigo,
porque tú tienes libertad
y porque tu Padre Celestial
pagó el rescate por tu vida
y Él a cambio dio la suya.

Mujer, tú tienes
el regalo más hermoso
de parte de tu Padre Celestial;
la salvación de tu alma
y de llevar en tu vientre una vida,
mira, ¡qué maravilla!

Mujer, tú debes de
ser agradecida porque
tu Padre Celestial te ama tanto
que te cuida y dio su vida
a cambio de la tuya.

Porque te amó y
te ama todavía.
Por eso sé agradecida.

Mujer que Dios Ama

Todo vuelve
todo vuelve,
siembra lo que
quieras cosechar.

Atrévete, todo
vuelve, todo vuelve,
decídete ahora
si es que vas a amar.

Todo vuelve, todo
vuelve, todo vuelve
siempre a su lugar
si amas a alguien
siempre dale libertad.

Todo vuelve, todo vuelve,
siembra lo que
quieras cosechar.

No queremos que termines de leer un libro más, si has sentido que necesitas de ese Ser Maravilloso que dio su vida por ti en la Cruz del Calvario; éste es el día que le entregues todo tu corazón. Te invito a que hagas una oración y di:

Padre Celestial, vengo a ti reconociendo que soy pecador(a), quiero que en este día perdones todos mis pecados. Sé que moriste en la Cruz del Calvario por mí, para que yo recibiera la salvación de mi alma.

Señor, te recibo en mi corazón como mi único y suficiente salvador de mi alma. Escribe mi nombre en el Libro de la Vida, te lo pido en el nombre de Nuestro Señor Jesucristo. Amén, amén y amén.

Amén al Padre

Amén al Hijo

Amén al Espíritu Santo

Printed in the United States
By Bookmasters